Claudia Friese

Run free, kleiner Max

Letzte Erinnerungen eines beeindruckenden Kämpfers

In ihrem zweiten Büchlein verarbeitet die
Schreiberin ihren Verlust des geliebten Katers
Max, der ihr in schweren Stunden ein wichtiger
Anker war.

Claudia Friese

Run free, kleiner Max

Letzte Erinnerungen eines
beeindruckenden Kämpfers

Bibliografische Information der Deutschen Nationalbibliothek:
Die Deutsche Nationalbibliothek verzeichnet diese Publikation in der
Deutschen Nationalbibliografie; detaillierte bibliografische Daten sind im
Internet über http://dnb.dnb.de abrufbar.

Illustrationen und Fotos: Claudia Friese

Verlag: BoD · Books on Demand GmbH, In de Tarpen 42,

22848 Norderstedt

Druck: Libri Plureos GmbH, Friedensallee 273, 22763 Hamburg

ISBN: 978-3-7693-1915-6

Für Leo, meinen Kumpelfreund

Du bist nicht allein,

wir sind alle verbunden.

*Der Mensch sollte den Tieren gegenüber Herzensgüte zeigen,
denn wer gewohnt ist, grausam zu ihnen zu sein, ist genauso
unsensibel den Menschen gegenüber.*

*Man kann das Herz eines Menschen schon allein danach
beurteilen, wie er mit Tieren umgeht.*

*Je mehr man sich dem Studium der Tiere und ihres Verhaltens
widmet, der Fürsorge, die sie ihren Kleinen gegenüber an den
Tag legen, desto mehr wird man sie liebgewinnen.*

Immanuel Kant

*

*Erzieht die Kinder so, dass sie außerordentlich sanft und
mitfühlend den Tieren gegenüber werden.*

Abdul-Baha

April 2022

Ankunft im Tierheim Duisburg mit meinen Kollegen Susi, Felix und Leopold. Mein Name ist Max. Wir kommen aus einer sogenannten Sicherstellung. Das bedeutet, dass sich unser Dosenöffner nicht mehr richtig um uns Vier kümmern konnte. Vielleicht waren es auch einige Katzen mehr. Ich kann mich nicht so genau erinnern. Das Ganze war ziemlich aufregend.

Jedenfalls haben wir alle ein ansteckendes Virus und nebenbei noch weitere Baustellen.

Wie auch immer, Felix war der erste von uns, der ging, und ich meine nicht in ein neues Menschen-Zuhause, nein, er wanderte über die Regenbogenbrücke in unser aller Zuhause, aber davon später mehr…

Mir sagt man eine besondere Art von Bescheidenheit nach und irgendwie muss mir auch ein gewisses Verantwortungsbewusstsein mit in die Wiege gelegt worden sein. Denn ich habe es mir zur Aufgabe gemacht, auf Leo aufzupassen.

Apropos Wiege, man munkelt, dass ich früher geboren sei, als angegeben. Wer weiß das schon so genau? Die Menschen müssen immer alles in Zahlen und Zeit festhalten. Zum Glück gibt es von mir weder eine Geburtsurkunde, noch einen Impfpass. Im Tierheim schätzt man mich wegen meiner schlechten Zähne auf ungefähr elf Menschenjahre und meinen Best Buddy Leopold ein Jahr jünger. Dabei sehen seine Beißerchen noch viel schlimmer aus. Die Leute nennen diese Zahn-Krankheit Forl, was beim Futtern ganz schön Schmerzen verursacht. Es ist ja bekannt, dass wir Katzen- auch die männlichen- viel Schmerz aushalten können.

Susi, die einzige Katzendame in unserem Männerclub hat natürlich das Sagen, auch wenn sie durch ihr steifes Beinchen etwas gehandicapt ist, zeigt sie uns allen, wo´s lang geht. Leo hat am meisten darunter zu leiden, weil er sehr ängstlich ist und dies auch schlecht verbergen kann. Er zieht sich dann in seine kleine Stoffhütte zurück. Ich achte schon darauf, dass Susi ihm nicht zu nah kommt. Zum Dank futtert Leo dann auch prompt meinen Napf leer. Ich glaube, deshalb bin ich auch der Schlankste hier im Verschlag- Entschuldigung, in der neuen Behausung.

Ich muss schon sagen, auch wenn es hier klein und somit für drei Katzenpersönlichkeiten etwas eng ist: Uns geht es viel besser als bei dem alten Herrn. Außerdem ist es hier sauber. - Aber der alte Mann war ja auch krank. Ich habe gehört, oder besser gesagt erfahren, dass er mittlerweile während unseres Aufenthaltes hier verstorben ist. Wir mochten ihn, sehr sogar, aber er hatte es einfach nicht mehr drauf, die Wasserschälchen zu wechseln, für frisches Futter zu sorgen und die Kistchen rein zu halten. Klar, er hat uns auch sehr lieb gehabt, freiwillig hätte er uns nicht mehr hergegeben.

Mai 2022

Nun sind wir schon einen Monat im Heim, wir haben uns alle mehr oder weniger mit der Situation hier arrangiert.

Ich persönlich habe ein Faible für rothaarige Mädchen (bin ja selbst ein Roter ☺ mit dem entsprechenden Temperament). Unsere neue Betreuerin heißt Lena. Lena mit dem roten Haar. Es gibt aber noch mehr hübsche Damen hier, die uns versorgen und mit uns spielen. Die Schmuseeinheiten könnten länger ausfallen, aber hier sind so viele Tiere, nicht nur von unserer Art. Hunde finde ich übrigens auch sehr interessant. Aber ich schweife ab. Ich wollte lediglich erklären, warum das Katzenpersonal hier weniger Zeit hat und Streicheleinheiten nicht in solchem Umfang zu leisten sind, wie wir das manchmal wünschen. Verständlich.

Juni oder Juli 2022

Der Sommer hier im Tierheim ist ganz schön heiß, aber ich mag ja die Sonne. Nur leider scheint sie hier so gar nicht ´rein. Und wenn es dunkel wird, stehen auch keine Katzenmamas- oder Papas zur Verfügung, da kann ich noch so laut rufen, sie kommen einfach nicht. Die meisten Menschen schlafen ja nachts.

Der Tagesablauf ist ähnlich: Mal gibt es mehr, mal weniger Streicheleinheiten, aber immer ausreichend zu futtern. Wir nehmen es wie es kommt.

August oder September 2022

Nun geht es schon in den Spätsommer/Herbst hinein. Irgendwie scheinen die Menschen unser Alter oder die Krankheiten zu scheuen, dabei sind wir alle doch relativ unkompliziert. Wie auch immer, es traut sich keiner so recht an uns heran. Wir dürfen ja auch nicht mit anderen Artgenossen vermittelt werden wegen dieser blöden ansteckenden Immunschwäche. Und ich will auf Biegen und Brechen mit meinem Kumpel Leopold zusammen bleiben. Susi, ist klar, da geht nur Einzelprinzessinnenplatz.

Oktober bis Dezember 2022

Jetzt wird es schon langsam schattig hier. Wir merken das an unseren Arthrose-Beinchen, denn denen geht´s bei Wärme besser.

Schnell haben wir die 5 qm ausgemessen, wenn wir zu unseren dollen paar Minuten ansetzen. Da kommen wir gerade auf Touren, sind aufgewärmt. Der Platz an der Heizung ist in Ruhephasen äußerst begehrt. Meist beansprucht ihn die dominante Susi. Leo verkrümelt sich dann in seine Hütte und ich schlüpfe trotz der sinkenden Temperaturen schon mal nach draußen, wenn das Personal nicht schnell genug die Tür hinter sich schließt. So richtig draußen bin ich dann natürlich nicht. Es ist vielmehr ein kleiner abgetrennter Gang, der zu einem Gitter führt. Aber von da aus kann ich schon mal ein paar Besucher sehen und meinen Charme spielen lassen. So wirklich beeindrucken kann ich offensichtlich keinen, denn es wagt sich niemand in unsere Nähe.

Also kommt ein Kamerateam vom WDR zu uns, das uns in der Sendung mit Simone Sombecki: „Tiere suchen ein Zuhause" vorstellt. Zuvor sind wir natürlich alle chic gemacht worden. Frisch gebürstet geht es dann vor die Linse.

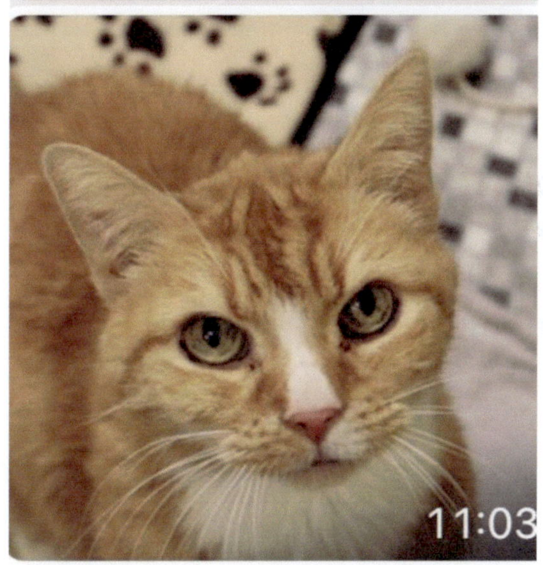

14. Januar 2023 und folgende Tage

Na endlich: Geht doch! Zwei ältere Herrschaften verirren sich in unser Zimmer, ein Mann und eine Frau. Da ich seit einer schlecht ausgeheilten Mittelohrentzündung nicht mehr hören kann, lese ich es von seinen Lippen ab:

„ Wir nehmen sie; so, oder so! Wir geben ihnen die Zeit, die sie brauchen!"

…aber ich schwelge in Erinnerungen: Das steht alles schon ausführlich in „Mimis Flug und ihr Vermächtnis", in dem Büchlein, das meine neue Katzenmutter ihr zu Ehren geschrieben hat.

Zum besseren Verständnis berichte ich kurz noch einmal über unsere Zahn-Operationen, die wir aufgrund der Erkrankung durchgemacht haben.

Kurz nachdem wir im neuen Heim eingezogen sind, werden wir erneut in die Transportbox gestopft, nacheinander und getrennt versteht sich. Zuerst ist mein Kumpel Leo dran. Ihm werden Ende Januar 20 Zähne, inklusive Wurzel- und Kronenreste entfernt. Bei mir sind es ein paar Tage später 18 an der Zahl, weil ich nicht mehr fressen mag. Die neuen Dosenöffner sind erleichtert, dass ich Narkose und Eingriff überlebt habe. Die Operationen haben sie eine ganze Stange Geld gekostet, aber wir seien jeden Cent wert.

Claudia, so heißt die Neue, redet oft von Mimi. Sie behauptet sogar, dass Mimi uns, also Leo und mich geschickt hätte, damit wir das Leben von Rainer und ihr wieder lebenswert machen. Da könnte sie schon Recht haben.

Die beiden schwärmen aber auch von mir. Ich sei für einen Kater sehr hübsch, sähe mit meinem langen Fell aus wie ein kleiner Löwe.

Leopold mein guter bester Kumpel scheint zunächst so etwas wie eine notwendige Beigabe zu sein, aber dann verfallen die neuen Menschen seinen Kulleraugen. Von meinen seegrünen Seelenfenstern waren sie sofort hingerissen, aber ich bin ja nicht eingebildet, im Gegenteil, ständig sprechen sie von meiner beispiellosen Bescheidenheit.

Vielleicht stimmt es, und ich bin ein wenig zu gutmütig. Gerne überlasse ich Leo den besten Platz im Bett und verkrümele mich ans Fußende, oder ich schaue etwas erstaunt zu, wie der Kumpel sich auch noch den Rest meines Futters einverleibt.

Leo scheint regelrecht aufzutauen im neuen Heim, jetzt, wo Susi den gewünschten Einzelplatz bei einer netten Dame gefunden hat. Fernsehwerbung zahlt sich also aus.

Unsere neuen Dosenöffner behaupten, dass ich in meiner eigenen Welt lebe, wenn ich so verträumt in die Gegend schaue. Ja klar, lebt doch irgendwie jeder, aber bei mir ist das auch dem fehlenden Gehör geschuldet. Das können die Neuen noch nicht wissen. Sie wundern sich nur, dass ich so ein lautes Organ habe- natürlich drücken sie sich netter aus: Ich sei ein Sprachtalent. Manchmal „erwischen" sie mich, wie ich scheinbar abwesend in lautes Miauen vertieft bin. Dabei unterhalte ich mich allein mit den für die Menschen nicht sichtbaren Wesen, an die häufig nur noch Kinder glauben. Dennoch fühle ich mich etwas ertappt.

Für die Erwachsenen muss ich oft auf fremdartige Ausdrücke zurückgreifen, damit sie mir zuhören. „Miau" wird oft nicht so ernst genommen. „Rööd, Rööd" bedeutet so viel wie: Jetzt ist Schmusetime oder eine weitere Mahlzeit fällig. Das, habe ich festgestellt, zieht am besten.

Unsere neuen Leute staunen nicht schlecht, als ich aus dem Stand auf den Herd springe. Dort steht nämlich ein Topf, in dem Hähnchen kocht. Ich sei ein Draufgänger, meinen sie. Jetzt haben sie zu meinem Schutz ein Brett über das Kochfeld gelegt, damit ich mir nicht die Pfötchen verbrenne.

Nachts erschrecke ich meine Menschen gerne mit einem dumpfen „Weauu". Sie sind jetzt beide in dem Alter, wo sie eh´ zur Toilette `raus müssen. Das kann man dann gleich damit verbinden, schlaftrunken in die Küche zu taumeln, um eine Mahlzeit in der Mikrowelle für uns zu erwärmen. Das, habe ich festgestellt, ist echt ausbaufähig. So kommen wir inklusive Nachtmahl auf sieben Einheiten täglich. Leos Stimme ist zu zaghaft, daher hab ich es übernommen, Futter zu organisieren.

Manchmal drehen sich die Menschen im Bett aber einfach um. Schlaf scheint ihnen nachts sehr wichtig zu sein. Dann tut guter Rat not.

Ich habe herausgefunden, dass Herumtrampeln hilft, oder wenn Leo und ich auf dem Bett toben und uns kebbeln. Hin und wieder allerdings kann ich es nicht lassen, den Katzenvater in die Nase zu zwicken oder wie nebenbei meine Pfötchen zu strecken, um zufällig das Gesicht des Schlafenden zu berühren.

Wenn die Menschen dann erst mal die Füße aus dem Bett haben, ist das unser Startzeichen in die Küche zu sprinten. Da lasse ich dem Kleinen, wie ich ihn gerne nenne, den Vortritt. Blitzschnell zieht er an mir vorbei. Seine Schwanzspitze zittert dann immer vor Aufregung.

Pünktlich sitzen oder liegen wir dann auf unseren Platzdeckchen und verfolgen jeden Schritt des dosenöffnenden Personals- nicht nur mit den Augen. Unter lautem Gemaunze werden sie angefeuert:

„ Warum machst du so lange? Wir sind am Verhungern!- Das dauert wieder! Nun mach schon! - Na endlich! Das wurde auch Zeit.“

Die Menschen warten immer schön, bis wir unsere Mahlzeiten verputzt haben, damit ich nicht zu kurz komme. Leo gelingt es aber immer öfter, schnell noch einen Happen zu stibitzen, wenn sie mal nicht hinsehen.

Wenn die Schälchen leer sind, kommt mein großer Auftritt. Mit einem gurrenden Geräusch springe ich auf den Tisch, dann ist Bauch-Kraulen angesagt. Ich rücke mich netterweise schon in Position, damit sie gleich loslegen können. Die Menschen sind nicht immer ausdauernd. Besonders die Frau versucht das Ganze häufig abzukürzen, weil sie schnell wieder ins Bett will.

Ende Februar oder März 2023

Wir haben uns gut eingelebt und unsere Menschen langsam erzogen. Manchmal allerdings wollen sie das Essen nicht mit uns teilen, dann entrüste ich mich mit einem vorwurfsvollen „Mannnn!"

Der Mann übrigens ist neben dem Dosen öffnen sogar fähig Fisch und Hähnchen zuzubereiten. Es gibt auch öfter Tatar und Thunfisch, manchmal Lachs. Das Beste aber ist, wenn wir gemeinsam frühstücken.

Rainer geht jeden Morgen früh aus dem Haus, während wir noch in den Federn liegen. Dann kommt er mit einer gefüllten Tasche zurück, die erst mal inspiziert werden will.

Ich sitze übrigens gerne in Taschen oder Tüten. Manchmal schleppt der Katzen Papa mich darin herum, oder ich setze mich in den Wäschekorb und betrachte die Welt von oben. Rainer schaukelt mich dann hin und her und ich kann nicht genug davon bekommen. Einmal musste ich für meinen Übermut bezahlen und hab´ mich übergeben.

In unserem Lieblingsraum, dem Schlafzimmer halten wir uns besonders gern in der zweiten Hochebene auf, die Rainer für uns ausgebaut hat. Da kann man sich so schön verstecken und auf die unten Stehenden herabschauen…

Mist, wir waren doch beim Frühstück. Ich drifte immer wieder ab. Was ich eigentlich sagen wollte ist, dass ich mich mit meinem Charme durchgesetzt habe. Ich darf jetzt auf dem Tisch bleiben, ohne zu betteln, versteht sich. Ich warte dann, bis ein Scheibchen Geflügelwurst abfällt, oder was die beiden sonst zu bieten haben. Der Tisch ist übrigens mein Revier. Leo macht mir zwar oft alles nach und jeden Platz streitig, doch das traut er sich nur, wenn keiner zuschaut, oder er nicht gleich hinterrücks wieder vom Stuhl purzelt. Er hat aber auch zugelegt, seitdem wir hier sind. Kein Wunder bei den Naschereien.

Die Menschen halten uns immer gleich, aber Leo bekommt wegen seiner Allergie Cortison-Tabletten und neigt dazu, etwas dicklich zu werden. Ich bin da eher der sportliche, um nicht zu sagen athletische Typ.

Von der Fensterbank schaffe ich es mit Anvisieren im Galopp hoch auf die oberste Plattform, auch wenn ich ebenfalls etwas an Gewicht zugenommen habe. Meine Vorderbeinchen (die mein Papa liebevoll „Trommel-Stöckchen" getauft hat- bei Mama sind es „Rehbeinchen") zittern allerdings von Zeit zu Zeit, oder knicken sogar weg. Ich kann das ganz gut verbergen, wenn ich sitze. Dann stelle ich eine Vorderpfote über die andere. Das gibt mir Halt.

Leo türmt nur noch schneller nach oben, wenn ihn die Panik packt, bzw. die Türglocke ertönt. Wer weiß, wen er erwartet? Da bin ich ja ganz anders. Durch mein fehlendes Gehör, nehme ich erst mal alles in Augenschein. Selbst der Paketbote wird begrüßt. Er bringt ja schließlich das Dosenfutter. Wenn der Karton ausgeräumt ist, quetsche ich mich gerne hinein. Ich liebe Kartons und Taschen. Sagte ich das schon?

Wie schon erwähnt, sitze ich gerne auf dem Tisch, besonders, wenn die Freundinnen der Frau zu Besuch kommen. Dann flirte ich mit ihnen und wickele sie unbemerkt um die Pfote. Das bringt mir viele Streicheleinheiten und oft auch ein Leckerli ein. So wirklich nah komme ich aber niemandem. Wenn ich genug habe, springe ich einfach elegant vom Tisch.

Wir Kater sind beide nicht angriffslustig, zumindest nicht den Menschen gegenüber, die sich immer wundern, wie „lieb" wir doch sind. Untereinander setzt es schon mal was. Leo ist oft sehr aufdringlich und krabbelt in mich hinein, will ständig kuscheln. Manchmal nervt das. Oder er will mich zum Spielen auffordern. Das geht gar nicht; aus dem Alter bin ich `raus.

April 2023

An manchen Wochenenden fährt der Katzen Papa an den Angelteich. Ich vermisse ihn dann so sehr, dass ich oft erbrechen muss, oder mein Appetit wird schlechter. Vielleicht liegt das aber auch an meiner kranken Bauchspeicheldrüse, oder meinem empfindlichen Magen. Mit meiner Verdauung brauche ich auch Unterstützung.

Ach was, ich will hier nicht über Krankheiten und andere Unzulänglichkeiten reden, wie es die meisten alten Leute tun. Als sie jung waren, waren auch sie gesund, oder haben wie wir, nur ans Vergnügen gedacht und üppig gespeist. Jetzt haben wir schon einige Arztbesuche hinter uns und nehmen auch so manche Medikamente ein, die immer schön in Leckerlis verpackt werden. Das ist der Lauf der Dinge. Wir passen schon ganz gut zusammen, die Menschen und wir Kater - sind ja ungefähr ein Jahrgang.

Da ich ein längeres Fell habe und mich manchmal zu tief in mein Kistchen hocke, kann es passieren, dass ich auf den Fliesen überall (wie mein Katzenvater es nennt) „Pipi-Sitzer" hinterlasse. Er schimpft aber nicht, sondern wischt mir hinterher, und manchmal unter meinem empörten Gemecker sogar den Popo ab. Anders sieht es aus, wenn ich dem Papa in die Schuhe kotze, die er immer wieder, trotz Ermahnung auf *meine* Matte stellt. Er lernt´s einfach nicht.

Jetzt, wo es langsam Frühling wird, dürfen wir auf den gesicherten Balkon. Das ist richtig spannend. Ich presche direkt in einem Affenzahn vor, auf den kleinen Tisch und recke mich an der Brüstung hoch, die durch ein Netz geschützt ist. Meine Katzeneltern bekommen Stielaugen, so entsetzt sind sie über meine Klimmzüge. Ich bin eben ein risikofreudiger Typ. Immer wieder überrasche ich, vielleicht gerade deshalb, weil ich eher zierlich (sagt man das über einen Kater?) oder besser, schmal gebaut bin. Der moppelige Leo hingegen schmiegt sich ängstlich an Papas Bein, wie um zu sagen:

„Beschützt du mich vor der großen kalten Welt hier draußen?"

Der Schisser verkrümelt sich lieber auf die Sonnenfensterbank im Wohnzimmer und schaut dem Treiben aus sicherer Entfernung zu.

So facettenreich meine Stimmlage ist, so vielseitig ist Leos Mienenspiel. Sein Gesichtsausdruck reicht vom „grimmigen Gangsterboss" (was wohl zum größten Teil seiner Zeichnung geschuldet ist) bis hin zum ängstlichen Häschen, das beschützt werden will.

Jeder hat sich halt auf seine Weise in das Herz der Menschen geschlichen. Wir selbst zeigen nicht so offensichtlich, dass auch wir sie lieb gewonnen haben. Sonst wären wir schließlich keine Katzen.

Wir sind kastriert und daher viel ruhiger als andere Kater. Jetzt ist die Zeit, wo sich unsere Artgenossen eine Kätzin suchen um Maikitten zu fabrizieren. Das haben wir nicht mehr nötig. Außerdem sollte man bedenken, dass es viel zu viele herrenlose (hab ich wirklich HERREN-los gesagt?) Katzen und auch Hunde gibt, die auf einen schönen Platz bei den Menschen warten, damit sie von uns lernen dürfen.

Geburtenkontrolle ist durchaus verantwortungsvoller als endlose Vermehrung. Die meisten Menschen gehen ja auch achtsam damit um. Trotz alledem sitzen immer noch zu viele arme Kreaturen in Heimen. Vielleicht ist es ja eine Überlegung wert, erst einmal einen Blick dort hinein zu werfen, bevor man einen Züchter aufsucht? Wir Heimkinder sind mindestens genauso zutraulich, lieb und sehenswürdig. So, das musste einmal ausgeschrieben werden!

Mai 2023

Jetzt sind sie da, die Maikitten und haben Hunger. Die zahlreichen Tierschützer schaffen es kaum diese Vielzahl an kleinen und auch größeren Mäulern satt zu bekommen. Es ist wirklich traurig. Auch was uns Tieren angetan wird. Oft werden wir wie eine Sache einfach weggeworfen, ausgesetzt. So herzlos können Menschen auch sein. Und grausam. Es gibt so genannte Nutztiere, die nur zum Sterben gezüchtet werden in Massenproduktion, weil der gefräßige Mensch nie genug bekommen kann.

Sicher, wir essen auch Tiere. Das liegt in unserer Natur. Aber wir quälen sie nicht, na gut, ein bisschen sieht es vielleicht so aus, wenn wir mit unseren Opfern spielen, bevor wir sie verzehren, aber wir sind nicht gierig, zumindest nicht nach Geld. Ich will auch keinen verurteilen. Jeder sollte den Besen vor der eigenen Haustüre schwingen. Dann wäre die Welt viel sauberer. – Ich fange gleich mal bei mir an und putze mein Fell.

Meistens sucht mein schwergewichtiger Kumpel mich zum Kuscheln auf, er ist allerdings auch sehr menschenbezogen (um ehrlich zu sein sind sie aber zweite Wahl). Denn wenn ich meinen Duft verströme, ist Leo nicht mehr zu halten. Er krabbelt fast in mich hinein oder setzt sich mit seinen sieben Kilo

Lebendgewicht auf mich. Wenn mir das zu eng wird und ich schon regelrecht aus dem Bett plumpse, zwicke ich ihn schnell ins Öhrchen, oder fuchtele so lange mit meinen „Tentakeln" vor ihm herum, bis er Vernunft annimmt. Manchmal artet es aber in einem Kampf der Giganten aus, so dass die Menschen dazwischen gehen müssen. Wir werden selbstverständlich nicht gescholten, sondern mit Streicheleinheiten und netten Worten beruhigt. Deshalb haben wir auch nie die Pfoten gegen sie erhoben.

Juni, Juli und August 2023

Ich bin ruhiger geworden, klettere lieber lässig auf den Tisch aus Korbgeflecht, der auf dem Balkon steht und sonne mich. Die Frau ist fast immer zuhause. Jetzt sitzt sie in einem Hängesessel und liest ein Buch, dabei streift mich zwischendurch ihr liebevoller Blick. Sie denkt, ich merke das nicht, aber ich krieg´ alles mit. Rainer, ihr Mann hat eine seltsame Angewohnheit: Er trommelt oft mit den Fingern irgendeinen Takt, da vibriert der ganze Tisch. Bestimmt liegt es daran, dass er Schlagzeugunterricht nimmt und zuhause üben muss.

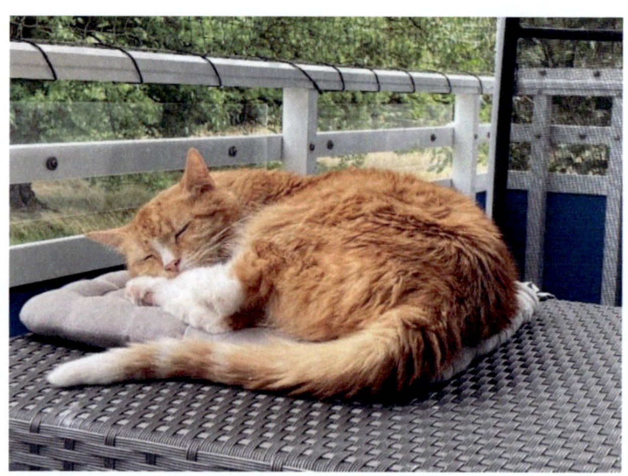

Im Sommer waschen sich die Menschen noch öfter: Mit Wasser in der Dusche! Die Geräusche im Bad von der Lüftung sind mir so suspekt- irgendwas stört meine scheinbar tauben Lauscher, so dass ich die Prozedur mit einem ärgerlichen „Wuäh" untermale. Anschließend tapse ich gerne in die Pfützen und verteile die Abdrücke meiner Pfoten in der gesamten Wohnung. Auch das Tapetenabkratzen habe ich als Sport zum Schärfen meiner Krallen entdeckt. Beifall ernte ich dafür allerdings nicht.

Nachts sitze ich vor der Korridortüre und achte darauf, dass kein Fremder in die Wohnung eindringt. Ich bin schon sehr aufmerksam, was meine Menschen betrifft. Sie sind oft so tollpatschig, wenn sie im Dunkeln umherwanken, da muss man einfach auf sie aufpassen.

Die Katzeneltern reden oft von der schönen Mimi, die vor uns hier gewohnt hat und über die Regenbogenbrücke gegangen ist. Die Katzendame besaß sogar einen Thron, auf dem jetzt einladend eine Decke liegt, aber wir warten lieber erst mal ab, ob wir auch die Genehmigung zum Betreten erhalten.

Mimi sei durch nichts zu ersetzen, aber wir Kumpel seien auch ok, so ganz anders, einzigartig halt, wie jedes Lebewesen. Wir alle sind liebenswert und besonders, ganz gleich, ob er oder sie nur ein Äugelein oder ein steifes Beinchen oder sonst irgendeinen „Makel" hat. Wenn man seinen Gefährten einmal liebgewonnen hat, ist er der Schönste ever.

Nach Ansicht der Frau hat jedes Haustier eine Aufgabe zu erledigen. Bei Mimi war es der Auftrag, den verlorengegangen Lebensmut von Claudia wiederzubeleben und wir Zwei zeigen dem Paar, dass man den Partner auch gern haben kann, wenn man ab und an in Streit gerät. Jeder hier ist unterschiedlich, einzig in seiner Art. Und jeder hat seine Macken, äußerlich wie innerlich.

Man liebt sich auch nicht jeden Tag gleich. Alles befindet sich im Wandel und verändert sich ständig. Und dabei sind es immer zwei Seiten einer Medaille, jedenfalls hier auf der Erde. Hinter der Brücke ist alles eins. Aber das ist nicht so leicht zu erklären. Da kommen wir her, und da gehen wir einmal wieder hin, manchmal kommen wir sogar wieder, wenn jemand ganz doll leidet oder die Lektion noch nicht verstanden hat.

Uups, jetzt hab´ ich fast zu viel aus dem Nähkästchen geplaudert. Eigentlich ist das streng geheim, aber ich erzähle nun mal so gerne.

September oder Oktober 2023

Wir haben einen bunten Herbst mit vielen Sonnenstunden. Die Bäume werfen langsam ihre Blätter ab und begeben sich in die natürliche Ruhephase im Vertrauen darauf, dass sie im kommenden Frühling wieder in voller Pracht erblühen.

Unsere Wohnung ist immer mollig warm, so wie wir es mögen und der Katzenvater verwöhnt uns mit Schmuseeinheiten und Leckereien, weil wir so tapfer sind - oder auch ohne Grund – wir sind gut im Futter.

November 2023 und Dezember 2023

Mein erstes Weihnachten in der neuen Wohnung. Zu Silvester darf ich sogar mit einem Piccolo auf´ s Bild, um den Freunden und Bekannten unserer Katzeneltern ein gutes und gesundes neues Jahr zu wünschen.

Die Knallerei der gedankenlosen Menschen, die angeblich böse Geister verjagen soll, stört mich nicht; und Leo ist völlig auf mich fixiert. Wenn ich keine Angst habe, dann braucht er sie auch nicht.

Die Radaubrüder sollten meiner Meinung nach trotzdem lieber Futter für unsere notleidenden Kollegen kaufen, statt das Geld in Böller zu investieren. Ist auch besser für die Umwelt. Die meisten sind sich gar nicht bewusst, dass wir Todesängste ausstehen an Silvester. Die Wildtiere nicht zu vergessen: Vögel fliegen vor lauter Angst viel zu hoch und die Eichhörnchen fallen vor Schreck vom Baum. Auch die Blindgänger, die am kommenden Neujahrstag liegen geblieben sind und von neugierigen Hundenasen erschnüffelt werden...nicht auszudenken, was da alles passieren kann. Ich wollte das nur mal erwähnen! Wie gesagt: ich bin kein ängstlicher Typ.

Rainer und Claudia feiern seit ein paar Jahren nur noch zuhause. Ich glaube es liegt daran, weil die Frau nachmittags das Haus nicht mehr verlassen kann. Sie rennt dann ständig auf das Kistchen für Menschen.

Rainer war immer sehr gesellig und geht gerne aus. Claudia zu Liebe verzichtet er aber darauf. Auch sonst nimmt er ihr alles ab, nicht nur den Einkauf; und wenn wir mal etwas schmutzig machen, ist er zur Stelle.

Seelisch scheint die Frau auch etwas labil zu sein. Wir Drei haben dann Mühe, sie wieder aufzuheitern. In meinem Übermut sie zum Lachen zu bringen, bin ich sogar einmal vom Schrank geplumpst. Das ging nach hinten los. Da hab´ selbst ich mich ganz schön erschrocken.

Obwohl der Mann es nicht leicht hat mit Claudia, singt oder pfeift er jeden Morgen (das sehe ich an den gespitzten Lippen) meistens dasselbe Lied, aber er bemüht sich immer fröhlich zu sein. Bei Zeiten braucht er allerdings eine Auszeit und fährt an den Angelteich. Bevor er seine Tasche für das Wochenende packt, teste ich gerne, ob sie auch belastbar ist und sitze Probe. Die Menschen finden das amüsant und machen ständig Fotos von uns in verschiedenen Positionen. Selbst wenn wir schlafen, fressen oder im Kistchen sitzen, lichten sie uns ab. Das verstehe wer will.

Januar, Februar und März 2024

Die Tage fliegen nur so dahin, auch wenn wir jeden einzelnen genießen. Wir grübeln nicht wie die Menschen über dies und das, über Vergangenheit und Zukunft. Für uns ist HEUTE wichtig. Heute will gelebt, gestreichelt, genutzt und ausgeschöpft werden.

Da ich ja das Spielen drangegeben habe, ist mir manchmal etwas langweilig. Schließlich kann ich nicht nur schlafen oder dösen. Dann schaue ich sehnsüchtig aus dem Fenster, beobachte die Vögel oder die Vierbeiner, die mit ihren Menschen spazieren gehen.

Plötzlich raste ich kurz aus, weil sich am Fenster etwas bewegt hat. Man erklärt mir später, dass es ein Windspiel ist. Blitzschnell hangele ich mich hoch und klopfe mit den Pfoten an die Scheibe. Leider kann ich es von innen nicht zum Stillstand bewegen. Das macht es wieder uninteressant.

Anfang März folgt für uns beide jeweils Zahn-Odyssee 2.0 - Forl ist echt eine Sch…Krankheit. Alle Zähne müssen ´raus. Und wir haben, oder besser gesagt, hatten mal 30. Das bedeutet wieder schlaflose Nächte für uns alle. Man kann sich nur annähernd vorstellen, was wir mitgemacht haben. Aber ich will nicht klagen, bin hart im Nehmen und keine Weichleiste. Bei Weichleiste fällt mir auf, dass ich jetzt nur noch auf den Felgen kaue, aber schmecken tut´s langsam schon wieder. Die Neuen tischen auch ganz schön auf.

Nach den Wintermonaten, in denen ich auch Schnee gesehen habe, kommt wieder der Mann, der das Gras um das Haus herum mäht. Der wirbelt ganz schon viel Grünzeug auf. Manchmal zittern sogar die Scheiben, aber das kümmert mich wenig.

Mit dem Kastanienbaum gegenüber habe ich schon lange telepathische Gespräche geführt, aber das gehört hier nicht hin. Sollen die Menschen doch selbst diese Erfahrung machen und unsere Freunde umarmen, die so wichtig für uns alle sind. Man muss schon etwas Geduld mitbringen. Sie haben eine etwas längere Leitung, antworten aber immer. Auch von ihnen können wir alle viel lernen. Noch sind sie kahl ihre Äste, aber der Mai macht sie wieder grün.

Claudia, meine Katzenmama schreibt gerne, so helfe ich ihr auch bei diesem Buch meine Gedanken zu Papier zu bringen. Das hätte ich früher besser auch getan.

Im Glauben und der besten Absicht zu helfen, verfasst sie - leider ohne meine Unterstützung - ein kleines Buch, welches Hilfe für Menschen in einer schwierigen Situation sein sollte. Eine Ehrerbietung an Rainers Sohn, der es in seinem Leben schon ziemlich weit gebracht hat. Auf Näheres möchte ich hier nicht eingehen, das würde zu persönlich werden. Lange Rede, kurzer Sinn:

Der junge Mann missversteht die Zeilen, sieht sich wahrscheinlich vorgeführt, beleidigt oder verurteilt, was absolut nicht die Intension der Frau war. Jedenfalls bricht er abrupt den Kontakt zu ihr ab, was Claudia sehr beschäftigt. Aber sie akzeptiert seine Entscheidung. Was bleibt ihr auch anderes übrig?

Sie wird noch dünnhäutiger und weint viel. Ihre Gefühle versucht sie durch Malen zu verarbeiten, wobei Leo und ich ihr immer tatkräftig zur Seite stehen. Ich war es übrigens auch, der ihr Mut machte, dieses Büchlein zu veröffentlichen, denn schließlich geht es um mein Leben und wie ich meine Betreuer erlebe. Claudia hatte eigentlich schon die Lust zu

Schreiben aufgegeben, aber Rainer und ich konnten sie überzeugen, dass Aufgeben keine Option ist.

April, Mai und Juni, oder haben wir schon August?

Der Frühling ist fast vorbei. Ich bin etwas verwirrt, manche behaupten, ich habe Demenz. Unverschämtheit! Ich bin immer noch Herr meiner Sinne. Was spielt die Zeit schon für eine Rolle?

Mein Katzen Papa ist auch so ein wagemutiger Draufgänger wie ich, ein echter Kerl, um nicht zu sagen ein Haudegen der Extraklasse im besten Sinne, Magic eben. Manchmal aber sollte er doch auf uns hören, oder auf Claudia, die uns ihre Stimme leiht. Sie mahnt ihn zur Vorsicht bei seinen handwerklichen Künsten aufzupassen, aber Rainer ist oft leichtsinnig, benutzt weder Handschuhe noch Schutzbrille. Wahrscheinlich war das im Hochsommer zu unvorsichtig von ihm. Durch Arbeiten mit einer Flex zieht er sich eine Verletzung am linken Auge zu. (Leo hatte auch schon mal Probleme mit seinem Auge, aber das hatte andere Gründe: Er brauchte mal wieder eine kleine   Zurechtweisung von mir…) Rainers Netzhaut jedenfalls erlitt einen Riss. Das war äußerst übel. Wenn er nicht mehr richtig gucken kann, was dann? Zum Glück ging alles gut aus. Eine Not-OP rettete sein Augenlicht.

Der Katzen Papa lässt sich nicht gerne etwas sagen, fühlt sich dadurch bevormundet, dabei ist er doch ein mündiger Bürger und Claudia lediglich in Sorge. Auf jeden Fall erfährt sie erst im Nachhinein von einem weiteren Unglück.

Im Spätsommer sticht eine Biene Rainer direkt in die Unterlippe, die sofort mächtig anschwillt. Er ist allergisch gegen Bienengift und fährt geistesgegenwärtig sofort ins Krankenhaus. Daraufhin verspricht er hoch und heilig, besser acht zu geben und auch mal auf die zu hören, die ihm am nächsten stehen.

Die Pechsträhne reißt nicht ab: Während ein guter Freund von Rainer relativ jung verstirbt, muss ich fast zeitgleich auch zum Arzt, weil ich keinen Appetit mehr habe, viel trinke und häufig erbreche. Zum Segen meiner Katzeneltern trabe ich immer völlig problemlos in die Transportbox. Ich bekomme meine monatlichen Aufbauspritzen, die normalerwiese auch anschlagen. Aber dieses Mal scheint der Wurm drin zu sein.

Ich glaube, wir schreiben November 2024

Ich bin unruhig, schlafe nachts kaum noch, nehme kein Futter mehr zu mir und ziehe mich zurück. Leo und sogar die Katzeneltern nerven. Irgendwie scheine ich mir auch noch was eingefangen zu haben. Ich huste und niese ständig, was alle sehr beunruhigt. Sogar Leo ist friedlicher geworden, überlässt mir im Bett manchmal den besten Platz.

Dann werde ich anhänglicher, suche die Nähe meiner Menschen und auch zum Kumpelfreund. Ich hab` nicht mehr mitgezählt, wie oft wir zum Tierarzt gefahren sind in den letzten Wochen. Immer wieder Spritzen, die mich munter machen sollen, aber was nicht ist, will nicht erzwungen werden.

Ich hab´ da so eine Ahnung, als wenn ich mich auf den großen Heimweg vorbereiten muss, den Königsweg, den schon viele Lebewesen vor mir gegangen sind und den alle antreten müssen, manchmal freiwillig und manchmal widerwillig. Und niemand weiß so genau, wann es soweit ist.

In zwei Wochen habe ich 600 g an Gewicht verloren und ich war nie der Kräftigste. Meine Leute sagen mit Tränen in den Augen, ich sähe so zerbrechlich aus. Selbst meine seegrünen (oder bernsteinfarbenen Augen) schauen müde.

Leo gibt sich redlich Mühe, mir nicht das Futter zu stehlen. Selbst er möchte mir das bisschen, was ich fresse, nicht vorenthalten. Heute fahren wir mal wieder zur Ärztin. Dass sie es nicht leid ist, mich zu sehen? Sogar sie schaut besorgt wegen meiner Blutwerte:

„ Merkwürdig, Nieren- und Bauspeicheldrüsenwerte sind nicht ganz astrein! Und dann der enorme Gewichtsverlust…Ich gebe mal einen Appetitanreger in Salbenform ins Ohr, der durch die Haut aufgenommen wird und 24 Stunden anhält.“

Zuhause laufe ich noch mal zur Hochform auf, in punkto Essen versteht sich. Auf die oberen Etagen wage ich mich schon etwas länger nicht mehr, da meine Beine zu schwach geworden sind und zittern. Sie knicken jetzt immer öfter weg.

Was kann man tun? Meine Leute wollen beim nächsten Termin eine Röntgenaufnahme, natürlich unter Ausschluss der Öffentlichkeit, äh, ich meine meiner Leute. Ich mag nicht mehr auf die Seite gedreht werden und auch keine Injektionen mehr. Sind denn alle taub???

22.11.2024

Nach einer langen durchwachten Nacht allerseits, gibt es morgens für uns Tatar. Das rohe Fleisch ist köstlich, Papa hat's besorgt, wie immer, guter Mann! Genüsslich schlinge ich es in mich hinein. Das Rotbarschfilet zu Mittag lehne ich dankend ab. Gott sei Dank haben sie mir die Paste nicht wieder ins Ohr geschmiert. Ich möchte selbst entscheiden, wann und wieviel ich esse. Wenn sie es gewollt hätten, ja, ich hätte es ihnen zu Liebe über mich ergehen lassen.

Ich lege mich ins Bett, auf Papas Platz, der noch ganz warm ist, neben mir mein lieber Kumpel Leo. Nase an Nase. Sie machen ein Foto- wie so oft. Draußen scheint die Sonne und es schneit. Wie schön, ein guter Tag, wie jeder Tag gut ist. Alles reine Ansichtssache, man braucht nur den richtigen Blickwinkel oder die richtige Brille oder so ähnlich. Ist auch nicht so wichtig.

Lasst mich zu Ende berichten: Ich höre, oder besser gesagt ahne, wie meine Leute davon sprechen, eine Entscheidung getroffen zu haben und wie sie immer noch zweifeln, ob es die richtige ist. Hinterher ist man angeblich immer schlauer, aber man kann sich gar nicht falsch oder richtig entscheiden, steht doch alles schon in dem dicken Buch: Hauptsache, man entscheidet sich überhaupt.

Ich glaube, dieses Mal ist es die letzte Fahrt in Rainers Auto. Claudia fährt auch mit, wie beim letzten Mal, das macht mich etwas stutzig, aber ich bin zu allen Schandtaten bereit, habe keine Angst. Die beiden weinen, versuchen aber die Tränen vor mir zu verbergen, aber wie schon mal erwähnt, ich sehe alles. Ich will unbedingt noch etwas erzählen, mich bedanken, für fast zwei Jahre Liebe und Fürsorge; oder auch meckern, weil es so viele Schlaglöcher auf den Straßen gibt...oder was weiß ich. Ich hab schon immer gerne erzählt. Manchmal sehr zum Leidweisen der Nachbarn oder auch meiner Katzeneltern. Nur seit einiger Zeit bin ich auch dazu zu müde geworden. Ich bin leiser, vielleicht noch bescheidener geworden, ohne mich jetzt selbst zu loben.

Ich strecke meine Nase durch die Gitterstäbe der Transportbox, öffne kurz das Mäulchen und hauche Claudia, die ihre Finger durchgesteckt hat, schnell ein Küsschen auf den Zeigefinger. Kurze Zeit später besinne ich mich. Klar, für den Fahrer und Versorger auch eins, das ist doch Ehrensache:

„ Gib es bitte weiter…!"

Erneut knabbere ich mit dem feuchten Mäulchen an ihrer Hand.

Im Radio läuft „ Shallow" von Lady Gaga und Bradley Cooper. „A star is born…" meinen die mich?

„ Jetzt nur nicht sentimental werden, Magic. Reiß dich zusammen und konzentrier dich auf den Verkehr!"

Und da spielen sie auch schon Queen: „ I want to break free" …viel besser…"

Meinen Leuten wird die Wartezeit im kleinen Zimmer fast zu lang. Dieses Mal gibt es nix zu gucken, weder Hunde noch Katzen, bin alleine mit meinen Katzeneltern. Dann werden wir ins Sprechzimmer gerufen. Was passiert jetzt? Schon wieder röntgen oder eine Spritze? Ich werde es geduldig ertragen, was immer auch kommen mag. Ich fürchte mich nicht, denn ihr seid bei mir. Ihr habt mir eine gute Heimat gegeben. Mir und Leo. Danke.

Und dann brennt es wieder kurz in meinem Schenkelchen, das gar nicht mehr so fleischig ist. Ein kurzes Quieken und dann werde ich noch müder, als ich schon bin. Irgendwas ist anders. Ich denke an Queen, an die Melodie frei zu sein und fühle mich total leicht, völlig entspannt. Ich atme einfach aus und lasse los.

Ihr solltet jetzt auch loslassen von meiner Hülle. Es ist nur die Hülle, die ihr sehen könnt. Die Seele, die ihr entsteigt, ist unsichtbar und ewig. Wer kann schon sagen oder behaupten, wo ich jetzt bin? Man kann es nur erahnen…

Eine grüne Wiese, bunte Schmetterlinge, roter Mohn und Löwenzahn, Gänseblümchen und dann sehe ich sie…all´ die anderen, die auf mich gewartet haben… die schöne Mimi, die erkenne ich und auch Felix, der vorausgegangen ist und irgendwie kommen sie mir alle so vertraut vor. Sogar mein altes Herrchen, ähm Dosenöffner treffe ich wieder.

Die Nase im Wind renne ich los, ohne Schmerzen und voller Power, und ich **höre**, wie sie mich anfeuern: „Run free, kleiner Max!"

Epilog

Meine letzten Dosenöffner sehen nur noch meine steif aufgestellten Ohren (wie bei einem ausgewachsenen Schäferhund), die ich sonst gerne seitlich angelegt habe, und die feinen Härchen, wie sie sich bewegen.

„Das sind die Nerven…" behauptet die Tierärztin.

Ich weiß es besser!

Und nun noch ein letzter Gruß an alle, die ihr derzeit auf der anderen Seite weilt:

"Gemeinsam mit all´ den anderen male ich nun das ständig wechselnde Gesicht des Himmels. Dazu nutzen wir die unendliche Farbpalette, damit es jeden Tag und jede Nacht neu Gestalt annehmen kann. –

Seid nicht traurig, sondern dankbar, dass ich einen Teil des Lebens mit euch verbracht habe. Auch wenn wir uns vielleicht in dieser Form nicht wiedersehen werden…Ich warte auf euch!"

Euer Max

Die Lebewesen sind durch ein Band der
Verwandtschaft verbunden. Die Tiere sind durch ein
Band der Bruderschaft mit uns verbunden, weil sie
das gleiche Leben besitzen und aus den gleichen
Elementen geformt sind.

Giamblico

Von Herzen Danke

♥   lieber Gott für das Geschenk schreiben zu dürfen

♥   lieber Max, dass ich zu deinem Leben dazugehören durfte und du mir den Mut gabst, wieder zu schreiben.

♥   lieber Rainer für deine seelische Unterstützung und die Geduld, die du täglich für mich aufbringst.